엉겅퀴의 여자

시현실
시인선
0 1 0

엉겅퀴의 여자

허자경 시집

도서출판
예맥

시인의 말

시의 기둥을 세우려고 애쓰다가
쓰러뜨리고 말았다

제2집에서
그 기둥을 다시 세워 보려고 한다

2020년 성하

허자경

| 차례 |

제2부

정선꽃이 정으로 피다

제3부

내가 홀로 젖는다

제4부

가을비를 줍다

제 1 부

톱밥난로가 제 몸을 태울 때

J씨와 H

H가
백합이었을 때, 장미꽃이었을 때, 자작나무
피부였을 때

연두빛 느릅나무, J를 만났고
호적등본 속에서 함께 동행했다
느릅나무 속에 H영혼을 묻어버리는 일과
H입속으로 동전을 불러모으는 일과
까닭을 모르는 슬픔으로
H가 J와 저녁노을 속으로 걸어가는 일,
한때,
깃대에서 홀로 나부끼는 깃발과
슈퍼마켓에서
늙은 저녁시간을 빌려오는 밤 아홉시와
횡단보도에서 어머니의 궁핍한
과거를 줍는 J와
언덕을 오르는 틀니의 뒤를 밀어주던 일

H는,
누구도 흉내 낼 수 없는
경자의 탈을 쓴 경자, 그런 여자, J의 여자

엉겅퀴의 여자

얼굴을 가린 채
언덕으로 달려오는
너는 누구냐

구름을 몰고 가는
저 힘은
누구를 닮았느냐

산을 밟고
나를 밟는
애증은 또 무엇이냐

혀끝에 상처만 남기
고, 떠나는
바람의 여자

톱밥난로가 제 몸을 태울 때

타임캡슐을 타고 1960년대로 떠나간다

어머니의 치맛자락을 잡고
보릿고개를 넘는 소녀가 보인다
돌부리에 찢어질 것만 같은 검정고무신,
붉은 노을을 단발머리에 이고
고무줄 넘기하던 그때,
교실의 톱밥난로가 제 몸을 태우며
책상의 온기마저 채운다
네모난 도시락은 온 몸을 구우며
교복의 허기를 생각한다
소녀의 가슴에 미소가 피기 시작했고
시장난전의 국화빵이 국화꽃으로
가슴속으로 사라진다
모두가 시간에 묻혀버린지 오래다
지금, 아무도 보이지 않는다

쉰 살의 강가에 앉아 있는 나에게
유년의 기억이 압정처럼 날아와 꽂힌다

어디쯤 가고 있을까

플라타너스나무에 마른 잎
한 장이 걸려있다

그에게도 유월이 있었다
뜨거운 팔월의 울음도,
푸른 강물소리도,
찬서리의 시월도
열두 살의 허기도 있었다

지금은
뒷굽이 닳은 신발이다
손에 가득찬 모래알이
비워지고
시간이 그를
9부 능선에 올려놓고
대추나무에 걸린 가을처럼
우는 날도 있었으나
지금, 목관 하나 짜고 있다

오후가 갉아먹은 낙엽 한장
어디쯤 가고 있을까

휴대폰

눈 먼 나를 인도한다

늪에 빠진 나의 나침판이다

도회지의 무성한 바람소리를

전해주고

태양보다 먼저 눈을 뜨게 한다

그는 내 몸을 드론처럼 맴돈다

나의 상아탑을 쌓아주고

내가 회색빛 구름일 때

왈츠의 음악을 들려준다

지금은

너를 벗어날 수 없는

스토커의 철조망에

내가 스스로 갇혀 있다

새벽바다

일출을 그리는
화가,
설레인다

새벽,
대문을 나서는
하루

돌아와
먼길을 만드는
수로원

긴
잠에서 깨어난
외등

새벽강

별
빛
마
저
꺼
져
버
린
길
을
걸
어
새
벽
강
에
다
다
른
다
한
여
자
의
울
음
이

은행나무의 내력

양복차림의 신사 한 분이 아랫목에
앉아 있다

노란 문신, 지금은 된서리를 맞아
온몸이 하얗다
바람부는 날이면 전신으로
신음소리를 낸다
둥근 시련이 제 몸속 나이테로
커간다
그가 맨살을 드러낼 때
개미 한 마리 찾아오지 않았다
그러나,
가끔씩 마른기침 소리를 내지만
통기타를 치면서 승리의
찬가를 부른다
어둠을 묻혀 돌아오는 날엔
마을회관 깃발처럼 펄럭거리곤 했다
온몸을 뒤척이며 강물처럼
흘러가기도 했다
4월이오면
「봄날은 간다」의 악보 위로
걸어간다

나목으로 찬비를 맞는다
고통의 실밥으로 영혼을 태우던 그가
한 알의 유언장을 떨어뜨린다

찜질방 파노라마

여자들의 입담이 찜질 사우나보다
더 뜨겁다

키 큰 양복 자랑, 품속 새끼 자랑
하우스 자랑, 샤넬가방 자…
저녁이 해설피질 무렵
자랑경연대회가 막판을 이룬다
첨언하면,
시어머니 버선짝과 시누이의 그것도,

모두 가슴에 묻은 한 줄의 서사시

한 줄기의 눈물이고
홧병 한 접시,
쏟아지는 말발 줄기, 거센 폭포이고
그래도 벽시계의 초침은 돌아간다

어둠의 새들은 북촌으로 날아가고
가로등 불빛의 무릎을 지나
그녀들이 어디론가 사라진다
그 사이에 내 뒷모습이 끼여있다

한 잔의 커피

꽃샘바람으로 까칠한 봄날
너를 바라본다

동행할 수 없는 애인이고
친구가 아닌 친구다
내가 입술을 갖다 대면
사라지는 너,
검은 너를 마셔야
초승달이 뜬다는 것
직립의 짐승이 되었을 때
알았다

별들이
발맞춰 서쪽으로 걸어간다

즐거운 비가悲歌

벽시계의 시침이 아홉 시를 건너뛸 때
나는 회색 눈사람이 된다

빈 운동장은
밤새도록 불면의 밤을 새운다
행진곡마저
두이노의 비가로 들려온다
뒷굽이 닳은 시간, 절름거리며 흐른다
베란다 창틀에 기대어 우는 저녁
흰 벽을 타는 농협달력,
스무사흘 날과 스무 닷새 사이에
어떤 영정사진을 든 내가 서 있다
서울에서 온 향로가 몸을 피운다
3년 전에 실종되었던
삭풍의 눈동자가 찾아와 잔을 올린다
신발장의 95mm 신발들이
어깨를 들썩인다
촛불이 이승으로 다리를 놓고 있다
거리엔 축문을 듣던 행인들의 인적이
흔적을 지우고 있다

소지를 올리고 참이슬의 목을 비튼다
쓴, 꿀맛이다

거울여자

웬 여인이
거울 속에서 슬피 울고 있다

낯 익은 얼굴
그러나 처음 본 얼굴이다

상현달,
반쯤 벌레가 갈아먹은 능금

아홉시가 쉰 살의 정수리에
흰 거미줄을 친다

눈가엔 협곡,
이마엔 촘촘한 밭이랑이 산다

A4용지 위로 홀로 걷는 너는
누구니

1932 노인

그는 바다의 전사이다

언제나 푸른 갑옷을 두르고
파도와 싸운다

흰 건반을 치며
베토벤의 운명곡을 들려준다

두 무릎을 꿇고
낮은 자세에서 강물을 섬긴다

수평선을 바라보는
자유 여신상의 눈빛이다

바다와 살다 바다로 갔다

크로키 회상

한 점의 부끄러움을 신전인 양
숭배하며 살아왔어

폐수의 영혼,
붉은 반점이 군락을 이루는 정신
입 안에 가득 찬 빵,
가끔씩
해탈하는 강물울음소리를
일체 거부하기도 했어
돌계단의 아픔을 모르는 채
육중한 몸으로
그의 꿈을 짓밟는 어둠이었어
개미가 빵부스러기를 짊어지고
가고있어, 내 뒤안길엔

발톱이 빠져본 흔적을 찾아볼 수
없어

1231

3시 시침이 내 발등을 밟고 지나가는
오후야

시간의 뜨락에 앉아
다난한 2019의 마지막 햇살을 받아들고
12월의 기억을 박음질하고 있어
허공에 묻고 싶은 기억도
내 뒷모습에 걸어놓고 싶은 시간도
남몰래 거울에 비춰보고 싶어
그 울음도,
그 망각도, 그 웃음도,
한 해가 가기 전, 온전한 꽃으로 피고 싶어
개구리 울음소리가 늘어진 늪과
도시의 뒷골목,
온 몸으로 살피는 가등이 되고 싶어
깃털 같은 몸과 유리알 같은 마음으로
푸른 그림자를 찾는 짚시처럼

혹은, 강물처럼 어두운 길을 마다하지 않고
걷고 싶어

제2부

정선꽃이 정으로 피다

꽃무릇 시학

산사의 가파른 언덕길
붉은 여승이 산다

선홍빛 기도를
온몸으로 풀어내는 그는
노을빛 눈시울로
나를 맞이한다

속세의 업으로
밤을 지새우다 붉어진
푸른 넋
백 년 동안 하늘을 우러러
속죄하며

경전 속으로 걸어간다
피빛보다 더 붉게,

흰매화의 이력서

초당의 바람이 차다
낮달이 중천에 서성거리는 시간

스무살 시절의 사파이어 봄
허공에 앉아 푸른 하늘을 깁고 있다
밭고랑에 꿈 한톨 묻으며
먼 훗날, 황금탑을 가지려고 했다
산 기슭에 침묵하는 바위돌 같은 사내
꽃반지를 주고 받았다
시간이 떠내려간 고요한 밤
휭하니 불어오는 창밖 무성한 바람소리
너의 기억이 청양고추처럼 맵다
밤이면 달빛으로 허기를 채우고
빈 밥그릇 앞에서도 화사한 미소를 짓는다
그때
그믐달처럼 여위어 간다
정신이 비어간다
날마다 사라지듯이
둥근 아픔이 벽돌처럼 쌓인다
천국의 계단을 오르려는 흰고무신
밤마다 꿈속 머리맡으로 찾아와
내 어깨에 황금알을 얹어주었다

그녀는
테레사 수녀의 영혼을 가진 꽃

진달래꽃

고양이 앞발톱에도, 뒷골목 단칸방에도
그가 사랑을 배달하고 있다

겨우내 혼돈의 뒤뜰을 서성이던 도시들도
그를 기다린다
지하갱도를 빠져나온 검은 연탄과
옥탑방 흑백TV에게도 달려간다
그가 평생 간직해 온 20g의 짝사랑,
산기슭에 벗어 놓았던 붉은 십자가를 지고
뒤뚱거리며 달동네를 오른다
장딴지엔 푸른 샛강이 넘쳐흐르고
계단과 맞닿아있는 지붕들의 이마 위로
마태복음 한 줄을 얹어준다
핏기없는 고장난 시계에 화색이 돈다
허기의 꼬리가 잘린다
그의 발자국소리를 기다리던
폐타이어는 영혼마저 구워 내 놓는다
바람의 헛기침도 박수를 친다

소파에서 햄버거로 배를 채우는 한 여자,
만원짜리 지폐에 키스를 한다

소엽란

푸른 여인이다

풋사과
아니,
아마존악어였어

멈추지 않은
섬강,
태백산맥

혹은

천 개의 천둥
먹구름 속
태양

난,
365일 흔들리는
시계추

정선꽃이 정으로 피다

정적을 깨우며 지나가는 완행열차가 시간을
멈춰세운다

바람도, 달도 서럽게 차다
강물은 거꾸로 흐르고
어떤 꽃도 피지 않았고
사방의 길은 푸르게 죽어있다
실종된 봄은 팔월이 되어야 찾아왔다
밤마다 어둠이 깃발처럼 펄럭이고
세상은 실눈으로 나를 쳐다본다

삼십년이 넘게 내 손톱이 길어지는 동안
참나물들이 웃음으로 다가왔다
뭉게구름은
피나무그늘 아래로 나를 데려다주었고
강변둑을 걸을 때마다
달맞이꽃은 '오! 솔레미오' 축가를 불러주었다
해바라기꽃은 밤낮으로 나를 바라보았고
계절이 바뀌어도 꽃들은 내 손에서 피었다
잔물결같은 주름진 정이 나의 발목을 잡는다
오고 갈 때 우는 땅, 365일 울음의 땅
내 뼈를 온전히 묻고 싶다

동해를 향해 내 달리던 차를 멈춰 세웠다
황급히 miss정선의 아리랑 품으로 돌아왔다

메밀꽃개론

9월의 눈송이다
가을들판에 보석처럼 박혀있다

허공을 물고있는
너의 얼굴이 차다

메마른 땅
너의 살점을 태워
네 혀가 흰 별로 떠 있다

삼각의 굴레
눈물, 피, 기다림의 운명이다

웃음플라워

꽃 중에 왕

첫돌 아이의 앞니빨
해바라기꽃

좀처럼 시들지 않는
태양

사랑도 그랬다면, 그리
움이란 없을 것을

꽃이 지고 난 뒤
안 것을

홀아비바람꽃

아비지는 늘 홀아비바람꽃처럼
살았습니다

사랑방에서 홀로 피기도 했습
니다
침묵이 너무 커 어떤 바람도,
꽃도 범접하지 못합니다
그의 이름은 '문설주의 외등'
입니다
산기슭에 홀로 사는
흰 얼굴을 가진 홀아비바람꽃
입니다 저녁이 오면
그 꽃이 떠오릅니다

잊지 못해 창밖을 보니
내 마음도 이미 떠나고 없습니다

꽃비

겨우내 어깨를 움츠렸던 대지 위로
벨리댄스를 추며 빗금으로 내린다

푸른 영혼으로 내게로 오는 그에게
나는 아무것도 줄게 없다
내 이마에 너의 입술이 와 닿으면
얼룩진 내 영혼의 허물을 벗을 수 있을까
나는 길이 없는 길을 서성인다
슬픔의 인파 속에 끼여 있는 나를 위해
그는 푸른 지느러미를 흔들어 준다
그가 세상 밖으로 내려도
내 정신의 부용은 피어난다
잃어버린 내 유년의 기억이 부활하려고
밤새도록 나에게 수혈하고 있다

어둠에서
창밖 청매화가 웃고 있다 그의 발자국
소리에,

오월 연가

장미이고 여왕이다
너는 끝없이 푸른 역사를 쓰느니
내 마음은 창공이다

니크롬선 같은 햇살
5월의 등을 태우며 들판을 채운다
내가 익어가고
꽃들이 거울 앞에서 쓰러진다
내 가슴을 태우는 향기
꽃들의 가슴이 터지는 소리에
현기증을 느낀다
네가 오는 날엔 청보리밭에
묻어두었던 내 영혼을 닦아
너를 맞이하리라
이젠, 내 곁에 너를 잡아두려고
네가 가는 길목에 누워본다

내가 너의 이름을 부르는 동안
너는 떠나가지 못하리라

연꽃

침묵하는 동정녀다

질그릇이다
외나무다리다
서편제를 부르는 매미다
가슴 빼개지는 석류다
숨어 흐르는 실개천이다
상처다
열두 살의 초경이다
홀로 떠있는 초승달이다
첫눈이다

물위의 관음보살이다

야생화의 비밀

한 웅큼의 고집과 고집이 있어야 한다

열흘 동안 땀을 짜내야 한다
때로는
먼 산기슭의 노루에게 손 내미는 날도,
구름이 내 발밑에서 쓰러지는
날도, 말매미의 이마에 어둠이 내려도
8월을 통과해야 한다
가뭄에 들판의 등뼈가 드러나도
갈대처럼 흔들려서는 안 된다

소리없이 담장을 걷는 고양이보다
더 숨을 죽여,
욕망의 내장을 비워야 한다
장미가 도끼눈으로 바라보아도
상강 전에 피워야 하는 것을 잊어서는
안된다

동백꽃이 어머니의 눈시울 보다 붉은
이유를 이제야 알겠다

쑥대머리송

너를 볼 때마다
유년의 기억이 머리를
스쳐 지나가

세상에 허기를 채워 주며
내 뼈마디를 키웠지

4월에 네가 태어나면
내 꿈속 별이 한없이 자랐어

늙은 민들레가 뚝방에 앉아
너를 찾고 있어, 지금

네가 쫓겨 난 파밭에
고층빌딩이 살고 있어

술잔

허공처럼 비어야 하고

사막의 모래알처럼

목말라야 하고

제비꽃처럼 몸을 낮출 때

너는 찾아온다

아니,

얼굴을 빠져나간

정신의 잔이 돌아온다

인연

산에는
무명의 나무와 꽃들

성은 몰라도
서로 초록의 미소를
보낸다
우 우 -우 숲의 함성
흰 꽃이 핀
소금의 맛

DNA가 다른
행인들
북천으로 함께 걷는
동행자

그 무리 중에
나는, 또 누구인가

제 3 부

내가 홀로 젓는다

또봄밤

뉘 가슴을 밟고 어디쯤 오고 있을까

비문이 없는 무덤가에 핀 할미꽃,
그 영혼으로부터 오는 걸까
콧노래를 부르며 오고 있을까
북을 치며 오는 걸까
12월을 이기고 돌아와
제비꽃에게 꿈을 피우라고 했으리라
동상이 걸린 발가락 사이로
상처투성이의 4월도 데리고 왔으리라
마른 갈대숲들이 술렁이는 밤
빈 나뭇가지 위로
스무살의 달빛이 그네를 타고
들판은 신발끈을 동여 매었으리라
기어이 강물의 눈도 뜨게 했으리라
꽃다지의 잔등이 길어지고
꽃잎들이 낙화를 서두르는 시간,

어둠이 가고 어둠은 흰꽃으로 피고
나는 쉰살의 꽃잎을 떨구고 있다

겨울바다

해안선 모래밭에
몇 개의 잃어버린 기억이 꽂혀 있다

열네 살의 푸른 초경
아카시아 향
첫 사랑

꿈을
쪼개어 먹던 친구
실종의 고통

사랑방,
헛기침의 중절모와
은빛비녀의 잔상

날마다 기억이 기억으로 죽어가는
쉰 살의 계단

놀자, 봄아

경포해변의 십리길 벚꽃

호수가 눈을 뜬다
천둥오리떼들이 사투리로
축제를 연다

입춘, 연분홍 꽃다지를
지천에 피워놓고
초경의 나비를 초대한다

나뭇가지 위로
수줍게 걸어오던 달빛
발리댄스를 춘다

어둠이 야위어가고
슬픔과 고독도
몸을 낮춘다

난,
흰그림자를 버리고
4월의 푸른 깃을 세운다

파라다이스

비탈진 산, 나무들이
위태롭다

45°의 산
그들이 올라간 방법이
궁금하다

담쟁이가
죽을힘을 다해
담벼락을 기어오른다

어딘들 편하랴
몸을 낮추고 사는곳이
천국이다

봄비, 내가 홀로 젖는다

너의 몸짓에 내가 홀로 젖는다

나무들이 따라 젖는다
산비둘기는 울음을 그치고
어디론가 사라졌다
계곡을 타고 흐르는 물소리
저음으로 우는 해금의 1번선이다

너의 몸짓에 내가 홀로 젖는다

양철지붕이 달빛소나타를 부르며
이 밤을 보내고 있다
아직 귀가하지 못한 소쩍새,
깃을 치는 소리가 무겁다
마당 한 켠에 우두커니 서있는
오동나무가지에 매달린 빗방울

너의 몸짓에 내가 홀로 젖는다

봄날의 꿈

늦은 봄
빛바랜 추억을 가슴에 한아름 안고
후조처럼 떠나고 있어

노란은행잎 가득 쌓이는 날이면
잃어버린 시간과 함께
한가로이
바람 따라 흔들리고 있어

맨발로 뛰어가던 세월 속, 부서진
기억의 뒤안길에서
붉은 장미의 유혹을 받으며
길을 떠나고 있어

파라다이스가 펼쳐진 곳
지문이 다 닳은 세상을 찾아
산기슭에 살던 유년의 바람과 함께
걷고 싶어

여행이 끝나는 날
지천에 꽃이 피어있기를 원하지만
한 방울의 눈물이 있는

봄날의 꿈이 되겠지

산다는 것은, 봄날 한 장의 꿈이야

가을의 뒷모습

연무처럼 내가 사라진다

거리에서도
저녁등불 아래서도
빈 커피잔 속에서도

차가운 바람이
나뭇가지에 매달린 잎 같은
나를 흔들어 놓는다

찬바람이 나를 또 비운다
나는 도시를 비운다
비워진 도시에서
내가
비워진다

나의 그리움, 밤
아홉시의 발목을 잡고 있다

고등어의 비가

눈이 베이도록 날카로운 수평선을
밟으며 살던 그를,

한손에 7천 원을 주고 데리고 왔다
집 앞에 도착하기 전에
무엇을 아는 듯이
이미 눈을 지그시 감고 있다
신발을 벗기고 석쇠에 올려놓았다
쥐 죽은 듯이 곱게 누워 있다
가스불이 당겨지고
다비식이 진행되었다
방 안엔 먹구름이 드리워졌다
석쇠에 둘러앉은 사람들,
아무 일 없듯이 살점을 발려 먹는다
그의 죽음 뒤엔 허드레 상주들이
입가에 미소를 짓고 있다

먼 산에서 들려오는 범종소리마저
두이노의 비가처럼 들리는 시간,

빗소리

누가 마당을 깨무는 소리에
내 영혼이 깨어난다

귀는 점점 밝아지고
동구 밖 늙은 느티나무가
내게로 걸어온다
아우라지에서 들려오는
연무가 허물 벗는 소리
암자 풍경소리처럼 들려온다
텅 빈 들판
산빼국새 울음소리가
밭고랑마다 고여 있다
어머니는 언덕 너머에서
친정아버지의 기억을 캐고
아버지는 도시로 나가
아들의 운명을 다듬고 있다

나는 어두운 허공에 나의
외등을 단다

독도

고독이
고독을 안고 있는
오후

빈 섬
갈매기와 함께
석양을 바라본다

휴화산 눈빛에도
가라앉지 않는
너

나는
가슴을 내밀어
너를 맞이하리

동해바다에 홀로
떠있는
푸른 살점들을

욕망論

586컴퓨터도
슬픔도
장미꽃도
말똥구리도
아침마다
업데이트
버튼을 누른다

시간도
저 강물도
폐광도
24시 마트도
내 통장도
업데이트
버튼을 누른다

언제나
작은 몸짓으로
내 어떤 버튼도
누르지 않은
제비꽃

길 위에 단상

수평선을 따라 홀로 걷는다
해변으로,

6.25를 기억하는 하조대
천년의 낙락장송은
슬픔의 서사시다

숨소리 거친 파도
생애 질긴 함성을 지르며
빈 섬 하나 지켜왔다

실크스카프에
사넬가방
구찌썬글라스를 쓰고

백화점을 드나드는 나는
누구인가요

대관령, 그 옛길

큰 귀를 펄럭이던 아버지의 뒤안길이다

휘어진 등뼈는 허기의 흔적이고
궁핍이 밟고 지나간 사주다
세월이 낚아채 간 젊은날의 울음,

그럴수록 정신은 더 단단해지고
몸 속의 사리는 오랜 고승처럼 살이 찐다
삭풍이 새어 나오면 그는 온몸의 구멍을
정신의 얼음으로 채운다

그는 어린 양떼들의 나침판,
하늘에서 꽃비가 꽃비처럼 내릴 때
서강의 물소리가 되었다.

그 길, 한 여자가 꽃가마타고 가고 있다

노모의 여명

한줄기 빛으로 먼 바다가

열리는 새벽,
별들의 발길이 이동한다

허리의 3번 요추가
구겨진 채,
밤하늘을 바라볼 무렵

동쪽으로 흐르는 유성처럼
지난 가을에 떠나간
흰 무명저고리,

별이 되어
내 이마로 성수를 뿌린다
등뼈로 강물이 흐른다,

내가 살아야 할 이유이다

진로眞露

이른 새벽
인기척도 없이 찾아와
내 생에 맺혀있다

어떤 날엔
그리움의 독을 풀어놓고
뛰어간다

어느 날엔
나의 빈 가슴으로 왔다가
사라진다

하얀 오후
허무가, 그 허무가
철없이 풀어지는 시간에

제4부

가을비를 줍다

구라파로 날다

전기밥솥과 이별이다

허공에 몸을 맡긴 채
운명을 계산한다
그때,
지중해가 나를 삼킨다
발아래 지구가 있고
머리 위엔
한 번도 가보지 못한
빈방이 있고
활주로로 내가 미끄러
진다
낯선 신전,
여기에 나를 두고 가
고 싶다

가방 속엔 돈키호테가
가득하다

왜, 내 영혼을 깨워

카톡, 카톡
그는 항상 내하루를 깨웠어

예고없이
나를 불러대는 음성들
때론, 지치고 짜증도 나지만

세상의 희로애락이
모두 버무려지는 운동장이야

행복

하루를 끝낸 사람들의
땀

썩은 생선뼈를 핥아먹는
사흘 굶은 길고양이

한밤, 등댓불이 예인하는
난파선

오늘 도살장으로 끌려가는
어제의 황소

횡단보도를 건너다가
십 원짜리를 줍는 나

쇠사슬의 찬가

한 여인이 있습니다
그 여인을 꺾을 수가 없습니다
애증 때문인가요?

한 부부가 있습니다
침묵으로 동행합니다
황금가락지 교환 때문인가요?

한 부모가 있습니다
속으로 울고 밖으로 웃습니다
DNA 때문인가요?

애증, 황금가락지, DNA,
그것은
우리를 묶어놓은 쇠사슬입니다

가을비를 줍다

너는
고아원의 영아 울음처럼
내린다

빈 들판에서
온종일 누굴 기다리는
갈대의 흔들림처럼 내린다

그러다
내 창가에 다가와
꺼이꺼이 울다 멈춘다

발등아래
민들레 한 송이
너의 울음을 머금고 피어있다

빙점의 바다

파도가 흰 갈기를 휘날리며
달려온다

어망으로 건져 올린
붉은 해,
고래등 같은 태평양, 혹은
갈매기의 날개로
카리브 해를 횡단하고 싶고
전설 속의
사랑도 찾아야 한다

늙은 바람이
바다위에 홀로 떠 있는
흰 섬에 나를 남으라고 한다

강설

문설주에
하얀 꿈이 걸리는

밤

어둠을 닦으려고
흰 꽃이
내린다

온 대지가
하얀 진실이다

반성

Ⅰ
별것도 아닌 것이
별것도 아닌 곳에서
별처럼 살려고
별처럼 떠돈다

Ⅱ
개도 아닌 것이
개인 척 하면서
개처럼 살려고
개처럼 웃는다

Ⅲ
돈도 아닌 것이
돈인 척 하면서
돈처럼 살려고
돈처럼 꿈을 꾼다

우일雨日

마음이 우울한 날이면
따스한
허경자가 그립다

비바람에 부딪혀
은행잎이 떨어질 때
향기 가득한
허경자를 나누고 싶다

혼자이고 싶은 오늘,
가슴의 문을 열고
이야기 나눌 허경자가
그립다

겨울곶감

그 곱던
붉은 얼굴은 사라졌어

영혼이 벗겨지고
사주가 찢어진
폐허의 몸

바람찬 허공에
온몸이 굳어지도록
수행중이야

너의 흰 분말은
생사의 고비를 넘어야
비로소 얻는 것

얼마를 더 수행해야
돌부처가 될까

한우寒雨

겨울비가 마당을 깨무는 저녁 무렵, 그의 흔적을
기억해 본다

해가 기울어도 온종일 암자였다
그의 헛기침 소리에 오이꽃이 피기도 했다
지갑 속엔 궁핍의 얼굴들이 오-오래도록 묻혀있고
그의 신발 속엔 마른 강물이 흘렀다
칠순의 길을 물레처럼 말아 올리던 그가
지평선 속으로 사라졌다

온종일 돌탑을 적시는 빗소리,
라디오에서 흘러나오는 발라드음악인 줄 알았으나
만장을 펄럭이며 '허' 자와
'정' 자를 지우며 요단강을 건너는 아버지의
발자국 소리였다

태양에서, 혹은 석양

새벽이 밭에 나가 온 대지의 체온을 데우고 있다

그는 도시에서도 살았다 잡화상의 간판을 내걸었다 꽃무늬 댕기머리를 진열장에 올려놓고 매일 얼굴을 닦았다 비만의 가방은 의자에 얹어 놓고 내장을 비우라고 호통을 치기도 했다 파마머리 머그컵의 이마에 따스한 온기를 채워주었다 때로는 공터의 늙은 느릅나무들이 찾아와 몇 방울의 꿀을 퍼가기도 했다 아버지는 매일 굴리던 뜨거운 화차의 바퀴를 세워두고 석양으로 지고 있다

그날, 허공에 보름달이 조등처럼 걸려 있었다

빈 그릇

고승 하나가 앉아 있다

나의 앉은뱅이 가난이다
몸을 비우는 빈 봉지다
허기진 뭉게구름이다
분노를 비우는 강물이다
허공이다
성수가 아니면 받아들이지
않는 연못이다
메아리가 홀로 사는 계곡이다
나비만 앉은 마른나무가지다
신선들의 회의장

내가 올라가지 못할 저 선반

하늘연못

그를 장백산맥이 머리에 이고 있다

푸른 정맥의 사나이,
내가 그곳에 당도했을 때
청정한 가슴로 맞이하였다 단단한
그리움이 풀어지듯
나의 천근만근의 발걸음을
포옹했다
민족의 영혼을 합장으로 빌고 있다
그러면서,
그는 나의 귓전에 속삭였다
제비꽃도 잘 있고,
흉노족이 부채질하던 바람도,
만주벌판을 휘돌던
독립군들의 말발굽소리도,
봉오동 전투의 총성도 잘 있다고,

그 속삭임에
눈물 한 줄기, 압록강으로 걸어간다

바다와 조우

경자천의 본적은 포남1동이다 그는
바다를 향해 걸어간다

꽃도 보고, 산기슭의 노모의 얼굴을
대좌하기도 한다
손가락 사이사이에 아버지의 기억이
서성거리고, 쉰 살
고독의 깃발이 찢어진 채 나부낀다

몸을 뒤척이며 흐를 때
태양이 손을 흔들어 주었다
때로는 가등이 꺼진 골목길을 만나
가난의 가위에 시달리기도 했다
100m 앞에 낯선 밤바다가 보인다

빈 술잔처럼 살아갈 수 있도록
성당의 첨탑을 향해 두 손 모아본다

생성과 소멸이라는 두 개의 공간적 이미지

(심은섭 | 시인 · 문학평론가 · 가톨릭관동대학 교수)

Ⅰ. 서

도대체 시란 무엇인가. 무엇이기에 이토록 사람들이 목숨 걸고 쫒아 가는가. 또한 갈망의 목마름을 그 무엇으로 해소하지 못하는가. 그래서 칠레의 시인 파블로 네루다가 "세상에서 가장 어리석은 일이 시를 정의하는 것"이라고 말했는지도 모른다. 그래서 '시란 무엇인가'라는 질문에 L 시인은 "나는 시를 모른다"고 했다. M 시인도 "시란 무엇인지 묻지 말라"고 했다. 그런가하면 "가난하지만 평화로운 마을, 초가집 굴뚝에서 피어오르는 저녁연기가 바로 시다."라고 어떤 시인은 정의했다. 또 또 다른 L 시인은 "시는 없다.", "詩와 비시(非詩)의 경계가 모호한 시대에 시를 고집하는 것은 폭력이고, 우리 시단엔 그런 의미로서의 조폭들이 너무 많다."고 했다. 그만큼 시를 무엇이라고 설명하는 일은 녹록치 않다.

그럼에도 허자경 시인에게 시라는 의미는 유년의 방울소리를 담아놓은 공간이며, 도회지에 그린 아버지와 어머니의 궤적이며, 열매로 삶을 완성하려는 꽃들의 고통이며, 어디론가 '내'가 떠나야 하는 일이며, '깃대에서 홀로 나부끼는 깃발과/슈퍼마켓에서/늙은 저녁시간을 빌려오는 밤 아홉시와/횡단보도에서 어머니의 궁핍한/과거를 줍는 J와/언덕을 오르는 틀니의 뒤를 밀어주던 일'과 '누구도 흉내 낼 수 없는/경자의 탈을 쓴 경자, 그런 여자, J의 여자'(「J씨와 H」 중에서)가 되는 일이다. 이것이 허자경 시인을 시를 쓰게 하는 원동력이고, 그가 말하는 시의 정의다. 이러한 담론을 전제로 할 때 허자경 시인의 첫 시집 『엉겅퀴의 여자』는 꽃과 소멸의 공간적 이미지라는 두 축의 세계를 가지고 있다.

서정자아가 소멸하는 공간적 이미지와 꽃의 공간적 이미지라는 두 개의 공간이 자리하고 있다. 전자의 공간은 자신의 의지와 관계없이 '흘러서 도달'하는 공간이며, 후자의 공간은 하나의 개체로서 '삶을 완성'하는 공간이다. 이 두 개의 공간에 도달하기 위해 허자경 시인은 '어떤 날엔/그리움의 독을 풀어놓고/뛰어'(「진로」 일부)가기도 했고, '어느 날엔/나의 빈 가슴으로 왔다가/사라'(「진로」 일부)지기도 했다.

소멸의 공간적 이미지는 소쩍새의 절규를 그리는 화가이기도 하고, 초서체로 흔들리는 풀잎으로 만든 풀피리이기도 하고, 연애소설의 전문을 궁서체로 찍어낸 목판본의 목차가 되는 일이다. 꽃의 공간적 이미지는 '어머니의 치맛자락을 잡고/보릿고개를 넘는 소녀'(「톱밥난로가 제 몸을 태울 때」 중에서)를 노래하는 일이며, 'A4용지 위로 홀로 걷는 너는/누구니'(「겨울여자」 일부)를 증명하는 일이며, '고통의 실밥으로 영혼을 태우던 그가/한 알의 유언장을' 작성하는데 동참하는 일이다. 허자경 시인의 이런 시 쓰기를 증명하기 위해 그의 첫 시집『엉겅퀴의 여자』속으로 잠행하고자 한다.

Ⅱ. 꽃의 공간적 이미지

허자경 시인은 첫 시집『엉겅퀴의 여자』에서 두 가지의 주제를 다루고 있다. 하나는 꽃의 공간적 이미지를 통해 생성, 즉 '탄생'의 의미를 전한다면, 다른 하나는 소멸의 공간적 이미지를 통해 '죽음'의 이미지를 묘사했다는 것이다. 이 장(章)에서는 '생성·탄생'의 공간적 이미지의 시를 통해 어떤 화두를 우리들에게 던지는지를 파악하고자 한다.

산사의 가파른 언덕길
붉은 여승이 산다

선홍빛 기도를
온몸으로 풀어내는 그는
노을빛 눈시울로
나를 맞이한다

속세의 업으로
밤을 지새우다 붉어진
푸른 넋
백 년 동안 하늘을 우러러

속죄하며

경전 속으로 걸어간다
피빛보다 더 붉게,

—「꽃무릇 시학」 전문

예시의 「꽃무릇 시학」은 허경자 시인의 첫 시집 『엉겅퀴의 여자』에 실린 작품 중에 가장 대표작 중에 하나이다. 그런 까닭으로 시의 전문(全文)을 예시로 삼았다. '꽃무릇'은 꽃이다. 일명 석산(石蒜)으로도 불린다. 또 가을에 피는 꽃으로 서해안과 남부지방의 사찰 근처에 주로 분포하고 있다. 사찰에서 많이 가꾸는 이유는 이 꽃에서 추출한 녹말로 불경을 제본하고, 탱화를 만들 때도 사용되며, 고승들의 진영(眞影)을 그릴 때도 사용되기 때문이다.

이 시에서 꽃무릇의 공간적 이미지는 새로운 창조의 결과로 이어진다. 즉 '꽃무릇'은 '여승'으로 재탄생의 의미가 있다. 꽃무릇이라는 공간은 여승이라는 창조성의 원동력이며, 허자경 시인의 이런 사유는 열린 사유, 다시 말해서 상상력이라는 유연한 사유가 아니면 불가능한 일이다. 하나의 꽃이라는 대상이 시의 상상력으로 확대되어 '여승'으로 탄생하게 된 것이다. 꽃무릇이 여승이라는 새로운 창조물로 탄생함과 동시에 '선홍빛 기도를/온몸으로 풀어내'던 그 여승은 허자경 시인을 '노을빛 눈시울로/맞이'함으로써 '꽃무릇=여승=허자경'라는 삼위일체의 화해정신을 실현하게 만든다. 서정시의 기능이 화해의 정신에 있다고 할 때 이 화해의 정신은 독자들에게 따뜻한 마음으로 다가갈 수밖에 없다. 이처럼 'A(세계)가 B(자아)와의 결합'은 화해의 정신이 없으면 이 또한 불가능한 일이다. 화해의 정신 기저에는 늘 선(good)이 문제다. 화해를 방해하는 원인은 기(氣)가 빠져 힘없는 정신의 선이 기여했다. 그러나 허자경 시인의 마음속에 도사리고 있는 수많은 번뇌 중엔 기(氣)가 센 '선'이 근본을 이루고 있기 때문에 서정시의 기능인 화해의 정신을 보여줄 수 있었던 것이다. 이것이 바로 허자경 시인 추구하는 꽃의 공간적 이미지로 새로운 것을 창조하는 세상인 것이다.

겨우내 혼돈의 뒤뜰을 서성이던 도시들도
그를 기다린다
지하갱도를 빠져나온 검은 연탄과
옥탑방 흑백TV에게도 달려간다
그가 평생 간직해 온 20g의 짝사랑,
산기슭에 벗어 놓았던 붉은 십자가를 지고
뒤뚱거리며 달동네를 오른다
장딴지엔 푸른 샛강이 넘쳐흐르고
계단과 맞닿아있는 지붕들의 이마 위로
마태복음 한 줄을 얹어준다
핏기없는 고장난 시계에 화색이 돈다
허기의 꼬리가 잘린다
그의 발자국소리를 기다리던

폐타이어는 영혼마저 구워 내 놓는다

바람의 헛기침도 박수를 친다

–「진달래꽃」 2연

앞의 시 「진달래꽃」에서 진달래꽃의 공간적 이미지는 생성·탄생의 의미로 전환되고 있다. '그가 평생 간직해 온 20g의 짝사랑,/산기슭에 벗어 놓았던 붉은 십자가를 지고/뒤뚱거리며 달동네를 오'르는 일은 희망의 공간적 이미지이며, '장딴지엔 푸른 샛강이 넘쳐흐르고/계단과 맞닿아있는 지붕들의 이마 위로/마태복음 한 줄을 얹어'주는 일은 사랑이 생성·탄생하는 공간적 이미지이다. 허자경 시인의 생성의 공간적 이미지는 여기에서 멈추지 않는다.

'핏기 없는 고장 난 시계에 화색이 돈다/허기의 꼬리가 잘린다/그의 발자국소리를 기다리던/폐타이어는 영혼마저 구워 내 놓는' 일은 죽어 있는 폐타이어라는 무생물까지 생성의 이미지를 차용하여 희망의 메시지를 전하며, 각박한 세상에 화해의 기운을 퍼드리고 있다. 그리하여 '바람의 헛기침도 박수를' 치는 따뜻한 세상을 창조하고 있다. 이처럼 『엉겅퀴의 여자』라는 한 권의 시집을 통해 허자경 시인이 만들어 가는 시세계는 시인의 사회적 역할이 무엇인가를 분명하게 보여주는 시정신을 높이 사지 않을 수 없다.

허자경 시인은 꽃의 공간적 이미지를 통해 또 다른 생성의 희망을 전하고 있다. 한낱 여린 식물에 불과한 '소엽란'을 '푸른 여인'으로, '풋사과/아니/아마존악어'로 그리고 '멈추지 않은/섬강'과 '태백산맥'으로 탄생시키고 있다. 그뿐만 아니다. '천 개의 천둥/먹구름 속/태양'(「소엽란」 중에서)으로 창조하고 있다. 흔히 이런 행위의 사람을 크리에이터(creator)라고 한다. 즉 창조자라고 일컬으며, 곧 시인은 창조자이다. 따라서 허자경 시인은 시인이 창조자라는 것을 직접적으로 설명하지 않고 보여주기를 하고 있다. 이것이 오늘날 진정한 시인의 창작행위이다.

꽃 중에 왕

첫돌 아이의 앞니빨
해바라기꽃

좀처럼 시들지 않는
태양

사랑도 그랬다면, 그리
움이란 없을 것을

꽃이 지고 난 뒤
안 것을

—「웃음플라워」 전문

허자경 시인은 순수서정 시인답게 간결한 문장과 여백을

중요시 한다. 언어 사용의 절제능력은 첫 시집 『엉겅퀴의 여자』에 실린 여러 시편을 통해 인정된 바이다. 시에서 군말이 허용하지 않는다는 원칙을 준수하기도 한다. 언어를 귀하게 여기는 정신, 무상으로 사용하는 언어로 생각하지 않는 절제미가 아름답다. 그런 연유로 한 폭의 묵화나 수채와 같은 연상을 떠올리는 회화시를 생산해 낸다. 함축된 표현 속에 거대한 세계가 있고, 압축된 문장 속에 참된 진술이 들어 있다.

다시 허자경 시인이 추구하는 꽃의 공간적 이미지에 대해 생각해 보면 '웃음플라워'는 곧 인간의 '미소'다. 이 미소를 새로운 공간적 이미지로 관조한 시가 「웃음플라워」이다. '웃음플라워'는 허자경 시인의 손에 의해 '꽃 중에 왕'으로, 또는 '첫돌 아이의 앞니빨/해바라기꽃'으로, 그리고 '좀처럼 시들지 않는/태양'이라는 새로운 사물로 생성·탄생한다. 이러한 사물들로 생성하고 탄생시킨 뒤에도 '사랑도 그랬다면, 그리/움이란 없을 것을//꽃이 지고 난 뒤/안 것'라며 철저한 자기반성과 성찰의 시간을 갖는다.

허자경 시인은 「웃음플라워」를 통해 많은 것을 일러준다. 시인은 언어절제 능력을 갖춰야 한다는 것과 새로운 것을 생성하고 탄생하는 창조자의 역할에 대한 인식, 그리고 시인은 시적 대상 앞에서 늘 성찰의 시간을 가져야 한다는 것을 우회적으로 역설하고 있다. 그는 「메밀꽃개론」에서도 시인이 새로운 세계나 사물을 만들어내는 창조자라는 것을 보여준다. 가을의 들판에 핀 메밀꽃이라는 공간적 이미지를 생성과 탄생의 이미지로 수용한다. 이를테면 생성과 탄생의 공간적 이미지의 관점에서 바라본 메밀꽃을 '9월의 눈송이'로 치환하였으며, '가을들판에 박혀 있는 보석'이며, '메마른 땅/너의 살점을 태워'(「메일꽃개론」 중에서) 흰 별로 떠 있는 혀'로 본다는 것이다. 반면에 메밀꽃을 '삼각의 굴레/눈물, 피, 기다림의 운명'으로 규정하며, 이것을 기다림의 미학이라는 참다움을 보여주고 있다.

침묵하는 동정녀다

질그릇이다
외나무다리다
서편제를 부르는 매미다
가슴 빼개지는 석류다
숨어 흐르는 실개천이다
상처다
열두 살의 초경이다
홀로 떠있는 초승달이다
첫눈이다

물위의 관음보살이다

—「연꽃」 전문

위의 예시된 「연꽃」의 시는 연꽃을 다층의 의미로 치환되는 은유법이 적용된 시다. 'A는 B다'라는 비유로 원관념은 제

시되지 않고 보조관념만 드러낸 형식의 표현들로 구성되어 있다. 더 나아가 병렬적 은유이며, 확장은유의 전형을 보여주는 시다. 그런 가운데에서 허자경 시인은 꽃의 공간적 이미지를 여러 대상으로 확장하고 있다. 연꽃이라는 공간적 이미지를 새로운 대상에 비유하여 생성하고 탄생시키고 있다.

이 「연꽃」에서 연꽃에 대한 보조관념이 아홉 개나 된다. 예를 들며 연꽃은 '동정녀'이고, '질그릇'이고, '외나무다리'이고, '매미'이고, '석류'이며, '실개천'이며, '상처'이며, '초경'이며, '초승달'이며, '첫눈'이며, '관음보살'이다. 모두 관련이 없는 것들을 나열해 놓아도 서로 관련성을 가진다는 데페이즈망기법을 사용한 것이다. 데페이즈망의 원래의 뜻은 '나라나 고향을 떠나는 것'이다. 이 기법은 쉬르리얼리즘(초현주의) 기법으로 친숙한 관계에 있는 사물에 이질적인 사물을 배치하여 기인한 만남을 연출시키는 창작기법이다. 곧 시창작에서 강조되는 '낯설게 하기'의 방식과 깊은 관련성을 갖는다.

따라서 허자경 시인은 연꽃이라는 공간적 이미지를 아홉 개의 보조관념으로 익숙한 사물을 낯설게 하여 새로운 시각으로 보게 만든다. 즉 고정관념에서 탈피하는 방식이다. 어울리지 않는 장소에 어울리지 않는 조합으로 놓인 사물들이 독자들의 상상력을 자극하기 위한 것이다.

광고업에서도 이 방법을 쓰는 이유는 사람들에게 일종의 쇼크를 줌으로써 관심을 끄는 효과를 얻으려는 데에 있다. '연꽃'이라는 공간적 이미지 하나를 '동정녀'를 포함하여 '관음보살'에 이르기까지 아홉 개의 공간적 이미지는 신선함을 주며 새로운 것으로 탄생된다. 탄생은 시작이고 출발이다. 따라서 허자경 시인은 꽃의 공간적 이미지들을 불러와 미지의 세계에서 현현하지 못한 것들을 생성시키고 명명해 주는 일에 전념한다.

> 열흘 동안 땀을 짜내야 한다
> 때로는
> 먼 산기슭의 노루에게 손 내미는 날도,
> 구름이 내 발밑에서 쓰러지는
> 날도, 말매미의 이마에 어둠이 내려도
> 8월을 통과해야 한다
> 가뭄에 들판의 등뼈가 드러나도
> 갈대처럼 흔들려서는 안 된다
>
> 소리없이 담장을 걷는 고양이보다
> 더 숨을 죽여,
> 욕망의 내장을 비워야 한다
> 장미가 도끼눈으로 바라보아도
> 상강 전에 피워야 하는 것을 잊어서는
> 안된다

–「야생화의 비밀」 전문

허자경 시인의 「야생화의 비밀」에서 드러나는 야생화의 공간적 이미지는 생성의 전제 조건이 '비움'에 있다는 것과 '생존전략'에 대한 사실의 역설이다. 다시 말해서 야생화는 어떤 경우라도 '먼 산기슭의 노루에게 손 내미는 날도,/구름이 내 발밑에서 쓰러지는/날도, 말매미의 이마에 어둠이 내려도/8월을 통과해야 한다'는 것과 '장미가 도끼눈으로 바라보아도/상강 전에 피워야 하는 것을 잊어서는/안 된다'는 생존 방법의 제시와 '소리 없이 담장을 걷는 고양이보다/더 숨을 죽여,/욕망의 내장을 비워야 한다'는 비움의 미학을 「야생화의 비밀」에서 드러내고 있다.

꽃의 공간적 이미지는 허자경 시인의 손을 거쳐 여러 사물들로 다시 재생되거나 새롭게 생성되었다. 불교의 연꽃이 가톨릭의 동정녀라는 새로운 이미지로 생성되는가 하면 웃음플라워가 거대한 태양의 이미지로 치환되고, '꽃무릇'이 '여승'으로 창조되는 '낯설게 하기'를 시도 하였다.

허자경 시인의 첫 시집 『엉겅퀴의 여자』는 생성과 탄생과 소멸이라 두 축에서 새롭게 탄생되는 꽃의 공간적 이미지를 살펴보았다. 다음은 두 개의 축 가운데에서 소멸의 공간적 이미지에 살펴보는 시간을 가져보자 한다.

Ⅲ. 소멸의 공간적 이미지

허자경 시인은 '사라진다'와 '간다'는 서술어로 소멸의 공간적 이미지를 제시한다. 그의 첫 시집 『엉겅퀴의 여자』에 실린 60여 편의 시작품 중에 많은 작품에서 소멸의 공간적 이미지가 발견된다. 소멸은 '사라져 없어짐'의 뜻을 가진다. 소멸의 대립적 의미는 생성이다. 생성은 소멸을 가져오고 소멸은 새로운 생성을 가져온다. 이런 전제는 생성과 소멸은 윤회이며, 생성이 소멸이고 소멸이 생성임을 일깨운다. 허자경 시인의 시세계는 자연과 사람의 생성과 소멸의 존재가 인간과 자연 속에 얼마나 깊이 뿌려 박혀 있는가를 확인해 준다. 소멸의 공간은 생성의 공간이 전제되어야 한다. 다시 말해서 꽃이 피고 난 뒤에 낙화의 과정을 거치게 된다. 꽃이 필 수 있었던 것은 꽃이 떨어진 자리가 있기 때문이며, 소멸할 수 있었던 것은 꽃이 있기에 가능한 것이다. 이것은 자연의 순리이며, 생로병사의 한 축과 같은 것이다. 이런 자연의 순리와 인간의 탄생과 죽음을 허자경 시인은 시를 통해 증명하고 있다.

소녀의 가슴에 미소가 피기 시작했고
시장난전의 국화빵이 국화꽃으로
가을 속으로 사라진다
모두가 시간에 묻혀 버린 지 오래다
지금, 아무도 보이지 않는다

—「톱밥난로가 제 몸을 태울 때」 중반부

앞의 「톱밥난로가 제 몸을 태울 때」에서 허자경 시인은 '시장난전의 국화빵이 국화꽃으로/가을 속으로 사라진다'고 진술했다. 아름다운 유년의 기억이 재생되어 일상어에서 새로운 시적표현으로 전환된 것이다. 세상의 모든 생물 중에 시간의 무게에 견딜 수 있는 것은 아무 것도 없다. 마땅히 시간이

지남에 따라 소멸된다. 이 시에서 사용된 '국화빵'은 허자경 시인의 유년의 기억 일부분이다. 이 유년의 기억은 서정자아와 동일성을 갖는다. 따라서 '국화빵'의 소멸은 거역할 수 없는 순리이며, 자연에 대한 절대 순응이다. 허자경 시인이 주장하는 소멸은 미완의 소멸이 아니라 완전한 소멸의 의미를 갖는다. 그것은 '모두가 시간에 묻혀 버린 지 오래'이고, '지금, 아무도 보이지 않는다'고 완전성을 강조하고 있다.

이런 점을 고려해 볼 때 허자경 시인은 순수서정시를 추구한다. 순수서정시는 주정(主情)을 근간으로 대상을 노래하거나 드러낸다. 그러나 허자경 시인은 인간의 감정을 주원료로 하는 서정시를 노래하지 않는다. 징징대거나 신변잡기의 주제를 시작품 속으로 끌어들이지 않는다. 즉 인간의 기쁨과 슬픔, 고독과 그리움을 주제로 삼지 않는다. 혹 그런 것을 주제로 삼는다고 해도 설명적으로 표현하지 않는다. 말하지 않고 보여주기로 신선감과 환기력의 이미지로 대전환을 가져온다.

뒷굽이 닳은 신발이다
손에 가득 찬 모래알이
비워지고
시간이 그를
9부 능선에 올려놓고
대추나무에 걸린 가을처럼
우는 날도 있었으나
지금, 목관 하나 짜고 있다

오후가 갉아먹은 낙엽 한장

어디쯤 가고 있을까

—「어디쯤 가고 있을까」 후반부

허자경 시인은 「어디쯤 가고 있을까」라는 시에서도 지속적으로 우리들은 '어디로 가고 있는가'라며 운명이 지나는 현재의 지점을 묻고 있다. 여기에서 묻는 질문은 단순히 '어디쯤'이라는 장소의 성격이 아니라 전 생애에서 현재 지나는 삶의 지점이다. 그 삶의 지점이 어디쯤이라고 묻는 것은 지금까지 어떻게 살아왔으며, 그리고 어떤 죽음의 가치를 쌓아두었는가를 묻는 것이다. '오후가 갉아먹은 낙엽 한 장/어디쯤 가고 있을까'를 놓고 본다면 '어디쯤'은 장소의 의미로 생각되기도 한다. 그러나 '대추나무에 걸린 가을처럼/우는 날도 있었으나/지금, 목관 하나 짜고 있다'는 표현은 면밀히 따져볼 필요가 있다. 그것은 지금까지 영위해 온 삶의 질과 가치를 묻고 있기 때문이다. 그 물음에 시 속의 화자가 어떻게 살아왔는지에 대한 생의 흔적을 짐작할 수 있다. '나'의 삶의 가치는 숭고하다. 왜냐하면 '뒷굽이 닳은 신발'이 그것을 대변하기 때문이다.

허자경 시인이 시작품을 통해 추구하는 삶의 가치는 가치관의 정립에서 끝나는 것이 아니라 끊임없는 노력의 연속에 있다는 점을 강조한다. 비록 모래성이지만 방치해 두면 무너지므로 부단히 쌓아야 하는 노력과 인내를 요구했다. 자신이 스스로 판단하고 결론을 내는 삶의 가치를 거부한다. 그의 삶은 타인으로부터 긍정과 동의를 얻을 때 진정한 삶의 가치가 된다는 것이다. 진정한 삶의 가치가 무엇인가를 시작품 통해 은유하고 있다. 곧 '한 줄기의 눈물이고/홧병 한 접시'를 빚어 내는 일이 진정한 삶의 가치임을 피력한다. 다음의 작품에서도 진정한 삶의 가치가 무엇인가를 지적하고 있다.

돌아와
먼길을 만드는
수로원

긴
잠에서 깨어난
외등

—「찜질방 파노라마」 중반부

거대한 자본의 힘을 가지고 있고, 하늘을 나는 새도 떨어뜨리는 권력과 희망적이며, 쾌락의 요소가 진정한 삶의 가치를 재는 척도는 아니다. 허자경 시인의 「찜질방 파노라마」에서 진술하듯이 '돌아와/먼 길을 만드는/수로원'이거나 '긴/잠에서 깨어난/외등'이 될 때에도 진정한 삶의 가치를 가진다는 것의 역설이다. 인간은 누구나 인간답고 행복한 삶을 살기를 원하지만 어떻게 사는 것이 인간다운 삶인지에 관해서는 사람마다 의견이 다를 수 있다. 행복감을 느끼는 정도 또한 사람마다 다르며 주관적인 가치관과 신념에 따라 인간다운 삶에 대한 평가도 달라질 수 있다. 하지만 인간다운 삶을 살기 위해서는 다음과 같은 조건을 허자경 시인은 제시하고 있다.

허공처럼 비어야 하고
사막의 모래알처럼
목말라야 하고
제비꽃처럼 몸을 낮출 때
너는 찾아온다
아니,
얼굴을 빠져나간
정신의 잔이 돌아온다

–「술잔」 전문

진정한 삶의 가치, 즉 행복은 '채움'에서 오지 않는다. 소멸할 때 진정한 삶의 가치는 그 빛을 발휘한다. 허자경 시인이 주문하는 삶의 가치는 소멸이며, 비우는 일이다. 비우는 일도 일부분이 비워지는 것이 아니라 허공처럼 완전한 비움이다. 「술잔」의 시에서 허자경 시인의 소멸의 공간적 이미지가 어떤 것인가를 확실히 인식할 수 있다. 열 개 중에 아홉 개의 비움도 아니다. 열 개 중에 열 개의 비움이 허자경 시인이 요구하는 진정한 삶의 가치다.

누구든 많이 가진 것만큼 행복하고 많이 가진 만큼 불행하다. 반면에 누구든 없는 만큼 행복하고 없는 만큼 불행하다. 이런 명제에 대해 '허공처럼 비어야 하고/사막의 모래알처럼/목말라야 하고/제비꽃처럼 몸을 낮출 때/너는 찾아온다/아니,/얼굴을 빠져나간/정신의 잔이 돌아온다'고 은유하고 있다.

앞의 표현은 비운 만큼 채울 수 있다는 의미다. 새로운 것을 받아들이려면 공간이 필요하다. A4용지의 여백을 보면 마음의 여유가 생긴다. 허자경 시인이 추구하는 소멸의 공간적 이미지는 물질을 배격하는 것만은 아니다. 마음속에 꽉 차있는 낡은 생각들을 버리는 일이다. 비움의 미학을 통해 여유와 문제의식을 전달하고자 하는 의도로 풀이된다.

어떤 날엔
그리움의 독을 풀어놓고
뛰어간다

어느 날엔
나의 빈 가슴으로 왔다가
사라진다

–「진로眞露」 2, 3연

허자경 시인은 '날마다 기억이 기억으로 죽어가는/쉰 살의 계단'을 오르며, 또한 '꿈을/쪼개어 먹던 친구/실종의 고통'(「겨울바다」 중에서)을 다스리며 또 소멸되고 있다. 타인에게 소멸을 결코 강요하거나 직설적으로 말하지 않는다. 자신이 먼저 소멸함으로써 타인의 소멸을 유도한다. 그 소멸의 방법은 '그리움의 독을 풀어놓고/뛰어'가는 것과 '나의 빈 가슴으로 왔다가/사라'지는 일이다. 앞의 「진로眞露」가 말하는 것도 역시 소멸의 공간적 이미지의 주장이다. 그 이유는 '빈 가슴'에서 시인의 청렴성의 발견되기 때문이다. 그뿐만이 아니다. '그리움의 독을 풀어놓'으며 비움의 미학, 즉 소멸의 의지를 보이고 있다. 시는 마음의 거울이다. 이 마음의 거울에, 즉 허자경 시인의 시속에 소멸의 공간적 이미지를 보여주는 자신의 본모습이 비춰지고 있다.

한편, 허자경 시인은 사라지고 비워지는 단순한 비움의 미학과 소멸의 미학을 보이는 것만이 아니다. 'DNA가 다른/행인들/북천으로 함께 걷는/동행자'(「무명의 나무와 꽃들」 중에서)라는 생의 완전소멸을 소멸의 공간적 이미지로 규정한다는 것이다. 그는 「바다와 조우」에서도 '경자천의 본적은 포남1동이다/그는 바다를 향해 걸어간다'고 이동 속에서 소멸을 강조하고 있다. 이동하는 이미지는 한 생을 완성시키려는 순리이며, 불가피한 일이다. 어느 누구든 죽음을 피할 수는 없기 때문이다.

별
빛
마
저
꺼
져
버
린

길
을
걸
어
새
벽
강
에
다
다
른
다
한
여
자
의
울
음
이

–「새벽강」 전문

소멸의 공간적 이미지를 지속적으로 추구하던 허자경 시인은「새벽강」에 이르러 완성을 보게 된다. 부모에 대한 연민과 가족에 대한 애틋한 사랑을 보여 주던 '한 여자의 울음이', '별빛마저 꺼져버린 길을 걸어 새벽강에 다다른다.' 허자경 시인의 소멸의 공간적 이미지는 긴 생의 여정이며, 그의 생의 여정 속에서 일어난 희로애락의 총체이다. 인간은 누구나 슬픈 역사와 희망의 역사와 환희의 역사 한 편을 모두 가지고 있다. 새벽강에 다다르는 것은 생의 완성이다. 인간의 생의 완성은 무엇인가. 바로 죽음이 한 생애를 완성이다. 누구나 죽지 않고서는 자신의 완성된 삶을 실현할 수 없다는 것을 허자경 시인은 소멸의 공간적 이미지라는 주제를 통해 보여주고 있다. 따라서 대부분의 작품들이 철학적 의미를 담고 있으며, 이렇게 깊은 시적 사유가 인간의 삶과 연결된 시를 생산해 낸다.

허자경 시인은 『엉겅퀴의 여자』를 통해 소멸하면서 생성의 결과를 얻는 윤회사상의 일면을 드러내며 한 생애의 주기를 표상화 하고 있다. 특히 「새벽강」은 몽타주기법의 일종으로 하나의 컷에 여러 가지 장면이 담겨 있다. 소멸의 공간적 이미지를 강조하기 위해 '길을 걸어 새벽강에 다다른다.'는 표현과 시의 시각적 이미지를 사용하여 강물이 흘러가는 이미지를 연출해낸다. 소멸의 공간적 이미지, 즉 누구나 생의 아우성은 '한 여자의 울음'을 내며 강물처럼 흘러간다는 것에 대한 강조이다.

Ⅳ. 결

허자경 시인의 첫 시집 『엉겅퀴의 여자』에서 탄생, 혹은 생성의 의미를 가져다준다는 꽃의 공간적 이미지와 비움의 의미를 드러낸 소멸의 공간적 이미지라는 두 가지의 시세계를 살펴보았다.

먼저 꽃의 공간적 이미지를 꽃을 통해 개화라는 의미를 부여하며 시작(start)과 출발의 의미가 담긴 시세계를 추구했다. 이 시세계는 시적 사유가 무척 밝았다. 그는 「꽃비」의 작품에서도 '어둠에서/창밖 청매화가 웃고 있다.'고 진술했듯이 시작(start)의 의미를 자신의 시세계화 하는데 성공적이다. 출발의 의미와 처음으로 생성되는 의미를 자신의 내면세계로 끌어들여와 시의 분위기를 매우 밝게 이끌어 간다는 특징을 보여주었다.

뿐만 아니라 꽃의 공간적 이미지를 통해 출발, 시작, 생성의 이미지를 확고히 하기 위해 사용된 시어들이 모두 신선하다. 즉 연꽃을 '열두 살의 초경'과 '홀로 떠있는 초승달', 그리고 '첫눈'에 비유했다. 이런 시어들은 소멸의 공간적 이미지와는 대립되는 의미로써 이것은 허자경 시인의 사유가 매우 긍정적이며 밝다는 점을 확인해 주는 대목이다. 이런 시어들은 순수성을 담보한다. 시어들이 순수하다는 것은 시인의 순수성을 의심할 여지가 없다는 뜻과 같다. 순수한 사유를 갖는 시인은 순수한 시를 낳을 뿐이다. 순수성의 시는 많은 언어를 요구하지 않는다. 따라서 허자경 시인의 시의 표현이 모두 간결하다. 간결하다는 것은 함축을 의미하며 서정시의 기능을 제대로 발휘하고 있는 것의 증명이다.

허자경 시인은 마냥 새롭고 생성의 의미만으로 시창작을 하는 것도 아니다. 때로는 '문설주의 외등'(「홀아비바람꽃」 중에서)처럼 단단한 고독에 묻히기도 한다. 그러면서도 시인의 사회적 역할에 충실하려고 노력했다. 이 또한 그의 작품에서 발견된다. 가령 '해바라기꽃은 밤낮으로 나를 바라보았고/계절이 바뀌어도 꽃들은 내 손에서 피었다'(「정선꽃이 정으로 피다」 중에서)고 시인이 무엇을 하는 사람인지 시를 통해 밝히고 있다.

꽃의 공간적 이미지에 이어지는 소멸의 공간적 이미지에 대해 살펴본 바를 요약하면 소멸은 사라지는 일이고 떠나가는 일이고 이별하는 일이다. 사라지든, 떠나가든, 이별을 하든, 결론적으로 소멸은 'DNA가 다른/행인들/북천으로 함께 걷는/동행자'이며, '그 무리 중에/나는, 또 누구인가'(「인연」 중에서)를 자문하고 있다. 우리들은 모두 소멸되는 대상이고, 소멸의 과정에서 함께 갈 동행자이다.

허자경 시인이 강조하는 소멸의 의미는 '흐르고 사라진다'는 것으로 결국 허자경 시인의 입장에선 '비움'의 역설이다. 인간이 인간답게 살기를 「행복」에서 주문하고 있다. 행복은 '하루를 끝낸 사람들의/땀//썩은 생선뼈를 핥아 먹는/사흘 굶은 길고양이//한밤, 등댓불이 예인하는/난파선//오늘 도살장으로 끌려가는/어제의 황소//횡단보도를 건너다가/십 원짜리를 줍는 나'인 것이다.

소멸은 결코 사라지는 일이 아니라 다시 재생되는 윤회사상에 기저를 둔 시적 사유이다. 소멸의 공간적 이미지 속에는 사라지고, 떠나고, 이별하고, 생성이 반복되는 우주의 순리가 작동하고 있으며, '별것도 아닌 것이/별것도 아닌 곳에서/별처럼 살려고/별처럼 떠'(「반성」 중에서)돌기를 거부하는 것이다. 그는 소멸을 소멸로 보지 않는다는 것을 한 줄의 시구(詩句)에서도 확인된다. '내가 너의 이름을 부르는 동안/너는 떠나가지 못하리라'(「오월 연가」 중에서)며 소멸은 우연히 일어나는 것이 아니라 내가 너의 이름을 부르지 않을 때에만 가능한 것이며, '문설주에/하얀 꿈이 걸리는//밤//어둠을 닦으려고/흰 꽃이/내린다//온 대지가/하얀 진실'(「강설」 중에서)이 보일 때 가능한 것이다.

허자경 시인은 오늘도 시를 쓴다. 시를 쓰면서 '혼자이고 싶은 오늘,/가슴의 문을 열고/이야기 나눌 허경자가/그립다'(「우일雨日」 중에서)고 고백하고 있다. 꽃의 공간적 이미지와 소멸의 공간적 이미지의 관점에서 들여다본 허자경 시인의 첫 시집 『엉겅퀴의 여자』는 봄과 겨울만이 존재하는 시세계를 이루고 있었다. 끝으로 첫 시집 『엉겅퀴의 여자』의 상재를 진심으로 축하한다.

시현실 시인선 010

엉겅퀴의 여자

초판 1쇄 발행 | 2020년 9월 15일

지은이 | 허자경
발행인 | 원탁희
발행처 | 도서출판 예맥
등록번호 | 서울 바 02915
등록일 | 1999년 5월 21일

주소 07581 서울특별시 강서구 강서로 68길 36 상가 206호
전화 02 · 2658 · 6465
E-mail ymbook@naver.com

10,000원
ISBN 978-89-91411-39-5 03810

* 이 시집은 강릉문화재단에서 일부 지원금을 받아 발간되었습니다